यादों के कागज़

OrangeBooks Publication

1st Floor, Rajhans Arcade, Mall Road, Kohka, Bhilai, Chhattisgarh 490020
Website: **www.orangebooks.in**

First Edition, 2025

ISBN: 978-93-6554-142-7

Price: Rs. 250.00

Printed in India

यादों के कागज़

योग्यता शम्भरकर

OrangeBooks Publication
www.orangebooks.in

दो शब्द लेखिका की और से

जिन कविताओं का इस पुस्तक में संकलन है वह कुछ ढ़ाई दशक में मेरे जीवन में होने वाली घटनाओं व संपर्क में आने वाले लोगों से संबंधित है| मुझे आशा है कि कुछ कविताएँ आपके जीवन से भी तारतम्य स्थापित कर पाएगी | हिन्दी या उर्दू या अंग्रेजी किसी भी भाषा में मेरी पकड़ उतनी गहरी नहीं | ना ही इन भाषाओं का व्याकरण ज्ञान कुछ खास है, मेरा | किसी एक छंद, अलंकार, रस का प्रयोग भी परिष्कृत भाषागत नहीं किया गया है |

मैं एक साधारण सी नौकरी करने वाली महिला हूँ | जिसके माता – पिता ने यही समझाया कि पढ़ – लिखकर नौकरी से ही जीवन संवरता है ना कि रिस्क लेकर लेखिका या कवयित्री बनकर | मुझे भी डर था कि क्या मालूम लेखिका के रूप में मेरा करियर ना चले | आखिर भारत में इतने लेखक हैं, सब विश्व प्रसिद्ध थोड़े ही बन जाते हैं | फिर भी ज़िन्दगी के चालीस बसंत के पास आते – आते यह जिज्ञासा बनी रही कि यदि सच में लेखिका बनती तो कितनी सफल होती ! अतः आप सभी पाठकों से अनुरोध है कि कृपया अपनी राय/सलाह/फीडबैक देकर मुझे जरुर बताए कि यह किताब आपकों कैसी लगी ?

Email – yogyatashambharkar@gmail.com

यह पुस्तक मैं समर्पित करना चाहती हूँ अपने माता – पिता को, बहनों को, पति को, बेटी को व स्वर्गवासी मेरे देवर मेरे जीवन आए विशेष व्यक्ति को, मेरे दोस्तों को यह सभी लोग कहीं न कहीं मेरी कविताओं के प्रेरणास्त्रोत रहे या मेरे मानसिक संबल के लिए मेरे साथ खड़े मिले |

अंततः मैं शुक्रिया अदा करना चाहती हूँ ऑरेंज पब्लिकेशन का जिनके सहयोग के कारण सालों से मेरे मन में संजोया यह सपना किताब के रूप में आप लोगों के समक्ष व्यक्त हो पाया नए लेखकों को ऑरेंज पब्लिकेशन एक सशक्त प्लेटफार्म प्रदान कर रहा है | कई साल इधर – उधर भटकने के पश्चात् इस संस्था के द्वारा मेरी कल्पनाओं को साकार रूप मिला | मेरी यह पहली कविता समर्पित है विद्यार्थी जीवन के उन कठिन दिनों को | जब व्यक्ति के मन में एक ही धुन रहती है पढ़ – लिखकर अच्छी नौकरी पाना | हमारे जीवन का एक बड़ा हिस्सा किताबों के साथ ही गुजरता है | मार्च – अप्रैल माह के परीक्षा के वे कठिन दिन | और यदि आप इंजीनियरिंग या मेडिकल विद्यार्थी है फिर तो सेमेस्टर में कोई माह तय नहीं, साल भर ही परीक्षा का माहौल बना रहता है |

अनुक्रमणिका

1

यादों के कागज़

बिखरी किताबें, फैली हुई स्याही।
दीवारों पर वो झटकी हुई स्याही।
उजाले का लम्बा तार और एक लम्बी सोच।
जब रहता था दिमाग पर एक बोझ।
बजता अलार्म, बिस्तर की अस्त व्यस्तता।
बिस्तर की वो लिपटी – सिमटी सिलवटें,
जिन्हें कोई नहीं सुलझाता।
कहीं सोया हुआ चादर का हर कोना।
गुत्थियों को वो उलझाना – उलझना।
वो शिकायत का बनाना बहाना
सूत्रों से भरी हुई दरों दीवारें।

और आलमारी में ठुसे हुए कपड़े |
मेज के नीचे वो कागज़ बिखरें |
कलम का कागज पर टिकाकर,
वो बार – बार हिलाना डुलाना |
और गिलास के दूध का यूँ ही ठंडा हो जाना |
वो बरबस ही आँखों में हाथ मलना,
और झांकती आँखों का किताब पर टिकना |
वो दिन रात की मेहनत
वो खाना, खाना बेवक्त
वो सोये सवेरे वो जागती रातें |
वो जागते – जागते थकती रातें |
जिनमें रात की जगह कम होती थी |
जब नींद हमारे इन्तजार में सोया करती थी |
रात को घड़ी की वो टिक – टिक की आवाजें
कानों में हौले से बस जाया करती थी |
और रटे हुए वे शब्द,
भूल नहीं सकता मैं वो चाय का प्याला
वो चेहरे पर बिखरा परेशान भाव |

धूप में चेहरे पर पड़ती किताब की छाँव।
कभी सिर किताबों पर या किताबे सिर पर।
हर सवाल पर दिमाग की वो हरकत।
वो फुरसत के लिए भी ना मिलने वाली फुरसत।
स्याही से भरा हर वो पन्ना।
वो कुछ कर दिखाने के तमन्ना।
वो दवाओं की घूंटियाँ।
सवालातों पर थिरकती ऊँगलियाँ।
वो उठ जाना घड़ी की एक ही आवाज से।
दस्तकें देती थी खुशियाँ।
और नामों की जंजीरें पहने, हम हारते थे कागज़ से।

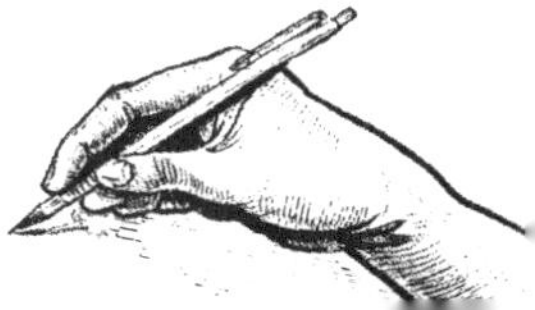

2

यह कविता छत्तीसगढ़ के उन सभी स्वतंत्रता सेनानियों को समर्पित है जिनके बारे में ना किसी ने कभी कहा, ना किसी ने सुना | छत्तीसगढ़ के वे वीर सपूत जिन्होंने कभी अपने निजी जीवन की आहुति दी तो कभी अपने जीवन की | इस छोटी सी कविता मेरी और से उनकी संघर्ष गाथा को श्रद्धांजलि है | यह कविता मेरे दादाजी स्व. श्री गुलाल चिन्दू शंभरकर को भी समर्पित है | जो स्वतंत्रता संघर्ष में 1932-33 के सविनय अवज्ञा आन्दोलन से इस अग्नि में कूद पड़े | ना सिर्फ उन्होंने भारत को स्वतंत्र होते देखा बल्कि 1975 में भारत की पहली अंतरिक्ष उड़ान को भी देखा | मेरे जन्म के पहले 1981-82 में उनका देहावसान हुआ मैंने उन्हें केवल तस्वीरों में ही देखा | पर शायद वो भी ऐसे ही छत्तीसगढ़ राज्य की परिकल्पना करते जैसा यह राज्य अब है |

हूँ सिपाही ऐसे छत्तीसगढ़ का

जहाँ मैं अड़ गया सो अड़ गया।
हूँ सिपाही ऐसे छत्तीसगढ़ का।
नहीं करता हूँ इन्तजार सहर का।
मेरी ही हथेली में कैद है खुद सूरज।
झौंके हैं खुद के सपने इस भट्टी में
ईंधन मैं खुद बना।

तपकर खुद ही पिघला हूँ
और फिर खुद ही गढ़ा।
कहाँ किस उम्मीद पर मैं उतरा खरा।
कुचलकर अपनी ही इच्छाओं को चढ़ी है मैंने सीढ़ी।
कहाँ किस हाशिए तक मैं बढ़ा ?
या बढ़ रहा हूँ शून्य की ओर।
पार पाना चाहूँ वन या पर्वत बड़ा।
जीवन के चक्रव्यूह में फंसा वह असंभव
भेदूंगा मैं ही, अभिमन्यु मैं खुद बना।

झौंके खुद के सपने इन भट्टी में
ईंधन, मैं खुद बना।

अलावे के तपन से पिघलता हूँ।
फौलाद बनने की ही ठानी है।
दिया – सा जीवन, संघर्ष जंगल से भी सघन
साथ दे रहा दूं बनकर खुद साहस
दूर बहुत है लक्ष्य, तो क्या।
झौंके हैं खुद के सपने इस भट्टी में
ईंधन, मैं खुद बना।

इतिहास मनुष्य को नहीं गढ़ता,
चूंकि मनुष्य ने ही इतिहास गढ़ा।
शाख से नहीं नापे जाते वृक्ष,
महत्त्व होता है पहले जड़ का।
जहाँ मैं अड़ गया, सो अड़ गया।
हूँ सिपाही, ऐसे छत्तीसगढ़ का।

उस पार है, मंजिल, इस पार प्रतिद्वंदी खड़ा।
अड़चनों से मैं कब डरा ?
जाना किस ओर निर्णय मैंने खुद लिया,
तो फिर क्यों डरूं ? क्यों वापस लौटूं ?
ये रणभूमि मेरी, ये कर्मभूमि मेरी
हो नहीं सकता विजय तिलक किसी और का
जीत होगी मेरी ही
खिलाड़ी जो हूँ बाधा दौड़ का।
जहाँ मैं अड़ गया, सो अड़ गया।
हूँ सिपाही ऐसे छत्तीसगढ़ का।

3

यह कविता उस वर्ग के लिए है जो जाति–पाति ऊंच–नीच के चक्रव्यूह में फंसकर अकारण ही किसी ना किसी सजा को भुगतते रहते हैं |

वास्तव में सारा इतिहास सबाल्टर्न नजरिए से एक बार फिर लिखा जाना चाहिए | यह वर्ग आपको समाज में कहीं नहीं दिखेगा पर ये चुपचाप अपना काम करते रहते हैं नाली के सफाई हो या चमड़े का काम, माली का काम, पान बनाना हो या जूते सिलना |

सदियों की जाति प्रथा ने इन मजदूरों को मजलूम बना दिया है | इन सबके खिलाफ आवाज उठाने वाला कोई एक व्यक्ति बाबा साहेब आम्बेडकर नहीं बल्कि, ज्योतिबा फुले या सावित्री बाई फुले, गौतम बुद्ध हो या कबीर यह सभी नेतृत्वकर्ता का वह समुह है जिन्होंने आगे बढ़कर समाज से लड़कर इस वर्ग को जागरूक व संबल बनाया | जंगलों में रहने वाला हमारा आदिवासी वर्ग हो या समाज में रहने वाले छोटी जाति के नागरिक यह प्रतिध्वनि उन सबकी है | जिन्हें समाज ने मुख्य पृष्ठ से हटाकर हाशिए पर रख दिया था |

मैं हाशिए पर रहने नहीं आया

मैं हाशिए पर रहने नहीं आया।
तुम्हारी झूठी पत्तलों को उठाने नहीं आया।
सदियों की गुलामी कब की तोड़ चूका।
मैं आजाद पंछी उन्मुक्त गगन में उड़ने आया।

हाथों व नक्षत्रों में, मैं किस्मत नहीं टटोलता।
मैं अपना भाग्य खुद लिखने आया।
तुम पूजो पत्थर पहाड़, मैं पूजूंगा इंसान को
यहाँ मैं नयी मिसाल बनाने आया।
मैं हाशिए पर रहने नहीं आया।

तुम नहीं चाहोगे तब भी उग जाऊँगा।
मैं ध्रुव तारा, सबसे बेहतर चमकूँगा।
मुझे दबाने वाले लोगों को नहीं पता
मैं एक बीज हूँ, वट वृक्ष बनने आया
मैं हाशिए पर रहने नहीं आया।

मैं कृष्ण नहीं, शिव नहीं, अर्जुन नहीं
मैं पहली महाभारत का वो एकलव्य हूँ
जो आज भीम बनने आया
मैं हाशिए पर रहने नहीं आया

ये वेद पुराण, जो तुमने अपने तरीके से लिखे
जिनमें हम पैरों पर, और तुम फायदे में पड़े
मैं वर्तमान हूँ, भविष्य हूँ,
इतिहास बनने नहीं आया।
मैं हाशिए पर रहने नहीं आया।

मेरा नाम कोई गाली नहीं।
मेरा जन्म कोई कलंक नहीं।
मैं जीवन का पूरा रस लेने आया।
मैं हाशिए पर रहने नहीं आया।

मैं तुम्हें पसंद हूँ या नहीं।
मैं सूरज के सातवें घोड़े के साथ आया।
आता है मुझे जग से लोहा लेना।
तुम्हारे रहम-ओ-करम पर जीने नहीं आया।
मैं हाशिए पर रहने नहीं आया।

4

ज़िन्दगी के हालत में एक ऐसा दौर भी आता है जब भरपूर प्रयास के बाड़ भी हमें नाकामी हासिल होती है | चाहे बात करियर की हो या अच्छी नौकरी की | ऐसे ही किसी मोड़ से जब मैं गुजरी तो सोहनलाल द्विवेदी जी या हरिवंश राय बच्चन जी की किसी प्रेरक कविता पढ़कर मेरे मन में साहस भर उठा | उनके जैसे स्तरीय काव्य लिखने की हिमाकत तो मैं नहीं करूंगी | परन्तु यह मेरा अपना प्रयास है | यदि ऐसे महान कवियों की झलक आपको थोड़ी सी नजर आए तो मेरा प्रयास सर्वथा सफल हो जाएगा |

"चाह से बढ़कर कोई हथियार नहीं"

इच्छा से बढ़कर कोई पतवार नहीं।
चाह से बढ़कर कोई हथियार नहीं।
तेरा पुरुषार्थ ही अन्तिम समय तक साथ निभाएगा।
साथ देने ना पहले कोई था ना आगे कोई आएगा।
ये बातें हैं बिल्कुल निराधार,
कि मदद को आये कोई अवतार।
सब के सब बैठे हैं, हाथ पर हाथ धरकर।
क्या जाने भगवान् को है तेरा ही इन्तजार।
ना चुपचाप बैठ यहाँ कर और प्रतीक्षा।
कुरुक्षेत्र में भी अर्जुन को यही मिली थी शिक्षा।
कर्म से बढ़कर कोई तलवार नहीं।
इच्छा से बढ़कर कोई पतवार नहीं।
चाह से बढ़कर कोई हथियार नहीं।

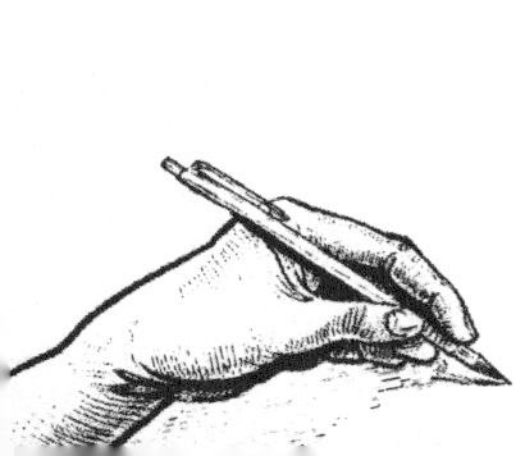

तेरे अंदर ही है भगवान्।
उसे कहीं और ना तलाशकर।
भाग्य को कोसना छोड़,
भरपूर प्रयास कर।
है सब संभव इन हाथों से।
सब कुछ गढ़ा है, इस अदने मनुष्य ने।
ये बड़ी इमारतें,
ये वृहद मशीनें,
कोई चमत्कार नहीं।
इच्छा से बढ़कर कोई पतवार नहीं।
चाह से बढ़कर कोई हथियार नहीं।

5

माँ, मा, बा, अमा, अम्मी, आई अलग – अलग भाषा में पुकारे जाने वाले इस शब्द का शब्दार्थ एक ही है | गर्भनाल से ही यह रिश्ता दुनिया में आपके आगमन से पहले ही जुड़ जाता है | जिसके लिए यह कविता लिखी थी उन्हें जब व्हाट्सअप में रिकार्ड करके भेजी ज्योंकि उनकी मोतियाबिंद वाली बूढ़ी आँखों से पढ़ना थोड़ा मुश्किल था | उधर से जवाब में जब फोन आया तो वे बड़े रुंधे स्वर में बोली कविता सुनकर मैं रो पड़ी | इधर से मैंने अपने जज्बात जब्त करके कहा कि मैंने तो आपको खुश करने के लिए लिखी थी कविता और आप रो रहे हो |

सबकी माँ की अपनी – अपनी कहानी होगी | मेरी आई की भी संघर्ष गाथा स्ट्रीट लाइट में रात भर पढ़कर और सुबह अगरबत्ती कारखाने में काम करके गुजरी | जिस दौर में उन्हें शासकीय नौकरी लगी उस वक्त कामकाजी महिलाओं को हेय की दृष्टि से और कभी – कभी तो चरित्रहीन माना जाता था | ऐसी साधारण बली गरीब तबके के आठ भाई–बहनों, की सबसे बड़ी सन्तान के रूप में पैदा हुई मेरी आई, मेरे अनुसार, असाधारण क्षमता वाली है |

"हम सबके हिस्से में थोड़ी – थोड़ी आई माँ"

हम सबके हिस्से में थोड़ी – थोड़ी आई माँ।
तेरे हिस्से में कुछ कम,
मेरे हिस्से में कुछ ज्यादा आई माँ।
तेरे चेहरे पर कुछ ज्यादा उभरी
तो मेरे जेहन में कुछ ज्यादा उतर आई माँ।

उनींदे सपनों में हमारी ही बाट जोहती माँ।
नज़ुमी से हमारी किस्मत बांचती माँ।
हमारी परेशानियों से निजात दिलाने।
बाबा – पीरो के दरगाह भटकती माँ।

कहाँ बावरी मंदिर – मस्जिद फिरती है
जबकि खुद ही जियारत सी माँ
किसी को वसीयत में जेवर मिलने थे किसी को मकां।

मैं अकेली थी जिसको चाहिए थी माँ
बच्चों के हवाले बंगले करके,
अपने छोटे घर में भी मुतमईन थी माँ |
उनकी सरपरस्ती में घर में बरकत है |
समेटे हैं जो पुरे घर को मुकद्दस दरख्त सी माँ |
सौंधी रोटी और तड़के की चाय जैसी माँ |
प्यार से पिरो दे सारे रिश्तों को वो बुनाई माँ |
हम सबके हिस्से में थोड़ी – थोड़ी आई माँ |

हल्की हरारत में भी रसोई के सारे नुस्खे आजमा लेती
सिनेमा का कोई मंजर देखकर फूट – फूटकर रोती
नाउम्मीदी के वक्त दुआ जैसी फलती माँ
उनकी पेशानी पर उम्र ने कुछ उकेरा तो है
पर आज भी बच्चों जैसी हंसती माँ
हमारे लिए कितनी ही तहकीरे सह लेती माँ
दुनिया के फरेब हस्ती से अनजानी माँ
कोई तान लेते हुए खुद मौसिकी लगती माँ
राग – दरबारी, दादर, ठुमरी जैसी माँ
पाटा – बेलन, करछुल, कढ़ाई माँ
हम सबके हिस्से में थोड़ी – थोड़ी आई माँ |

मौलवी की दुआ व पंडित की पूजा जैसी माँ
अपनी पोशिदा साड़ियों में जगदम्बा जैसी माँ
पर कभी दूर सरसों के खेत में खड़ी चंचल बाला जैसी माँ
घर पर हुक्म चलाते – चलाते मल्लिका लगती माँ।
रसोई की उस लम्बी सीढ़ी पर बैठे – बैठे
तुझे आज भी ताकुंगी माँ।
तू लाख नसीहते दे
पर मैं कुछ ना सुनूंगी माँ।
आँगन में छेना भी लेपती,
घर से बाहर कमाई की कमान भी संभालती माँ।
बचपन से देख रही हूँ
सबकी माँ ओं से बिल्कुल जुदा मेरी माँ।
मोम – सा हृदय और शेरनी का माद्दा रखने वाली माँ
वीरांगना दुर्गावती या रानी लक्ष्मीबाई माँ।
हम सबके हिस्से में थोड़ी – थोड़ी आई माँ।

चौबीस पहरों ऑटो – बसों की आपाधापी में खपती माँ।
हमारी तरक्की के लिए खुद कितने फाकें रखती माँ।
इम्तिहान के दिनों में साथ रतजगा करती माँ।
मेरे मुखालिफ की क्या औकात

तेरी दुआओं में वो शिद्दत है माँ।
चूल्हे की चिमनी में कैद नहीं
बल्कि उन्मुक्त छन्द है माँ।
आलू के पराठे जैसी गरम
और पुरन पोड़ी जैसी नरम माँ
बंगाली रसगुल्लों की चाशनी में भीगी माँ
ढेंचा की चटनी सी तीखी – तीखी माँ
गीता, बाइबिल, कुरान, अवेस्ता की पढ़ाई माँ
हम सबके हिस्से में थोड़ी – थोड़ी आई माँ।

पूजा की आरती या दरगाह के लुबान जैसी माँ।
कुरान की आयत या मस्जिद की अजान जैसी माँ।
कमरों में जब सुबह – शाम धुंआ करती माँ।
सर पर जब हाथ फेरती तो दुआ सी लगती माँ।
नए जमाने के तरीकों में ढलने के लिए
धीरे – धीरे मोबाइल सीखती माँ
वो नदी जो खुद ही अपने रास्ते खोज लेती है उस जैसी माँ।
सरगम का सातवाँ सूर या खैय्याम की रुबाई माँ।
हम सबके हिस्से में थोड़ी – थोड़ी आई माँ।

बचपन में दोहराए गए किसी सबक की तरह
हरदम याद रहती है माँ |
जीना मुहाल था तेरे बिना,
पर देख जिन्दा हूँ मैं, माँ
ज़िन्दगी के तल्ख़ पहाड़े पढ़ते – पढ़ते
अपनी मासूमियत तेरे आँचल में छोड़ आई माँ
रोजगार – ए- मजबूरी की खातिर देख,
तुझसे कितनी दूर निकल आई माँ |
हम सबके हिस्से में थोड़ी – थोड़ी आई माँ |

माँ से ही मायका होता है |
तेरे हाथों से ही जायका बढ़ता है |
घर के बने घी जैसी एकदम खालिश माँ |
अपनी अधूरी ख्वाहिश के सराब में जुंबिश माँ |
मुनासिब रसीदों के लिए वालिद
और गैर वाजिब खर्चों के लिए माँ |
जरूरी हिदायतों के लिए वालिद
और सहेलियों के चर्चों के लिए माँ |
बेटी पराया धन है ऐसी रवायत से उलट
मुझे नफासत से पाली माँ |

पर दुनियावी रस्मों में बेटे की माँ को मिली तरजीह
तो लगती एकदम खाली माँ।
लाख मुसीबत हो फिर भी दहर जैसी खड़ी माँ।
हम सबके हिस्से में थोड़ी – थोड़ी आई माँ।

तेरे हिस्से कुछ कम,
मेरे हिस्से में कुछ ज्यादा आई माँ।
तेरे चेहरे पर कुछ ज्यादा उभरी,
तो मेरे जेहन में कुछ ज्यादा उतर आई माँ।

उर्दू के कुछ कठिन शब्द

जेहन – मन, आत्मा

उनींदे – ऊंघना

बाट जोहना – इंतजार करना

निजात – छुटकारा

जियारत – तीर्थ

मुतमईम – संतुष्ट

सरपरस्ती – साया/आर्शीवाद

बरकत – समृद्धि

मुकद्दस –पवित्र

दरख्त – पेड़

पेशानी – माथा/ललाट

तह्कीरे – बेईज्जती

फरेब हस्ती – धोखाधड़ी

मौसिकी – उर्दू गीत

राग दरबारी, ठुमरी, दादर – गान के परंपरागत तरीके

करछुल – बड़ा चम्मच

पोशिदा – पूरी तरीके से ढंकी हुई

नसीहत – उपदेश, सलाह

फाके – उपवास

इम्तिहान – परीक्षा

मुखालिक – प्रतिद्वंदी

खलिश – शुद्/खरा

जुंबिश – गतिमान

सराब – मृगतृष्णा

मुनासिब – सही (genuine)

गैरवाजिब – गैर जरुरी

हिदायत – सलाह

खायत – परम्परा

नफासत – नजाकत, खूबसूरती

दुनियावी रस्मो – समाज के रिवाज

तरजीह – तवज्जो, महत्त्व

दहर – नदी का सबसे गहरा हिस्सा

मुश्किल – मुहाल

तल्ख़ – कड़वे/तीक्ष्ण

वालिद – पिता

शिद्दत – तीक्ष्णता/चाहत

हरारत – बुखार (हल्का)

मंजर – दृश्य

नजूमी - ज्योतिष

6

उम्र के लड़कपन के वो दिन जब हर
लड़की बादलों में छुपे उस धुंधले चेहरे को
पहचानने की कोशिश करती है | कहीं तो होगा
जो सिर्फ मेरे लिए बना होगा | सपनो के राजकुमार
की कल्पना जो हर सोलह – सत्रह वर्ष की किशोरी
करती है, उसी पर आधारित है मेरी अगली कविता |

ड्रीम बॉय

दूर सितारे की रोशनी चमकती है
तुम्हारे आँखों में बसे सपने की तरह
सिंदूरी आसमां का फैलाव खिंचता है
बिल्कुल तुम्हारी बाहोँ की तरह
चाँद का उजाला बरसता है
तुम्हारी नज़रों की तरह
मैं लौटकर आती हूँ तुम्हारे पास,
पहाड़ियों में बसी अपनी ही आवाज की तरह

हर एक चेहरे में तुम्हें तलाशना
महवे ख़्वाब की तरह |
यादें आती है तेरी जर्द
फूलों में बहार की तरह |
मैं बस जाना चाहती हूँ तुममें,
धूप में धुले सात रंगों की तरह |
मैं गिरने से नहीं डरती क्योंकि तुम हो,

वहां जीवन में हर सहारे की तरह
जब रात अँधेरा होता है, तो लगता है
तुम घेरे हो मुझे उजाले की तरह
तुम्हें भूल पाना कठिन है
खुद को भूलाने की तरह।
ये जानकार भी कि तुम नहीं हो
जीया है तुम्हें ना पूरे होने वाले ख़्वाब की तरह।
तुम्हें पाने की जिद किए बैठी हूँ
क्योंकि तुम हो वहां इस्वागर की तरह।
मौत से गुजारिश की है
तुम्हें पाना है जब्त होने से पहले।
ना हुए गर हासिल तुम तो, इंतजार अदम में होगा
ये दुनिया ख़त्म होने से पहले।

कठिन शब्द

महवे ख़्वाब – सुबह का सपना |

जर्द – सूखे

इश्वागर – नखरे उठाने वाला

अदम – वह स्थान जहाँ धरती व आकाश मिलते हैं

7

यह कविता मैंने तब लिखी जब मेरी बिटिया बमुश्किल 3 – 4 वर्ष की थी | लेबर रूम ऑपरेशन टेबल का वो लम्हा मुझे आज भी अच्छी तरह याद है डॉक्टर ने पूछा क्या चाहिए तुम्हें मैंने कहा – लड़की तो जवाब में उन्होंने मेरे हाथों में बच्चे का रखते हुए कहा तुम्हारी इच्छा पूरी हुई और पहली बार अपनी बच्ची का चेहरा देखकर मैं फफककर रो पड़ी | तब डॉक्टर ने उसे दूर किया और कहा जोर से मत रोइए वरना टाँके खुला जाएगे | पर वो ख़ुशी के आँसू थे |

डोना बेटा

वो खड़े रहेगी, मेरे लिए, मेरी ताकत बनकर |

कभी खुद मैं बनकर |

कहती है देखो ममा मुझे, मेरी चुनरी ओढ़कर |

मैं ज़िंदा रहूंगी दुनिया में, उसका रूप लेकर |

जब मेरा भरोसा डगमगाया वो साथ रही तनकर |

पहले गर्भ से था उसका रिश्ता, पर लगता है |

एक अदृश्य गर्भनाल रखती है अब भी हमें जोड़कर |

उसके गिरने पर जब मैं आह करती हूँ |

तो वो कहती है, देखो मुझे कुछ नहीं लगा, खड़ी होकर |

वो कहती है, ममा रोना नहीं, मेरे आँसू पोंछकर |

जब – जब मैं टूटी, उसने दिया है, सारा साहस बटोरकर |

वो सदा रहेगी मेरी, किसने कहा

वो अलग हो जाएगी पराई होकर |

बड़ा सुकून है उसके चेहरे पर खुद की झलक देखकर ।
जो मैं ना बन सकी, वो दिखाएगी, मेरी बिटिया बनकर ।
मेरी बूढ़ी आँखों से जब सूरतें बोझिल हो जाएगी ।
वो दिखलाएगी मुझे, मेरी नजर बनकर ।
मैं बहुत खुश हूँ लड़की से माँ और माँ से
सहेली का संग सफ़र तय कर ।
वो खड़ी रहेगी, मेरे लिए, मेरी ताकत बनकर ।
कभी खुद मैं बनकर ।

8

मेरी नौकरी में ऑफिस में काम और कार्यक्षेत्र का दौरा कुछ ज्यादा होता है | पति का भी वही हाल | बिटिया बहुत छोटी थी | स्कूल के शुरुआत भी जरुरी थी | ऐसे में दो, चार साल अपने मायके में ही खुद से दूर रखकर उसे वही पढ़वाया | घर में उसकी देखरेख के लिए कोई था नहीं | इस दौरान अक्सर हम पति – पत्नी एक – दूसरे से अपनी बच्ची की याद में निकले आँसू छुपाए फिरते कि एक को रोते देखकर दूसरे का सब्र का बाँध मत टूट जाए |

नकहत

कमाई के जरिए तलाशते – तलाशते,
जीने की वजहें पीछे छोड़ आए हम |
रोजगार –ए – मजबूरी ऐसी पड़ी
कि लख्त – ए – जिगर से मुंह मोड़ आए हम |
वही जीस्त थी, वही हयात का हासिल,
इस दिन रात की जद्दो-जहद में उसे ही खो आए हम
मेरे आशियाँ की जो नकहत थी,
उसे सर – ए – बाजार कर आए हम |
जिन आँखों में चमकते थे आब
उन्हें बेजार कर आए हम |
चंद सिक्कों के लिए अपनी सारी
निस्बत खार कर आए हम |
कमाई के ज़रिए तलाशते – तलाशते
जीने की वजहें पीछे छोड़ आए हम |

कठिन शब्द

लख्त –ए –जिगर – जिगर का टुकड़ा

आशियाँ – घर

नकहत – सुगंध

आब – पाणी

बेजार – बिना रौनक के

जीस्त – जीवन

हयात – जीवन

निस्बत – संबंध

9

धीरे – धीरे मेरी बेटी बड़ी होने लगी और मैं उसे अपने पास रहने ले आई मेरे आस पास, पड़ोस, रिश्तेदार में बहुत से ऐसे लोग भी थे जो मुझे सलाह देते रहे कि लड़कियों की परवरिश करने का एक नियत नियम तय है | उसी अनुसार हमें उन्हें पालना है | इस कविता के माध्यम से मैं उन सबको बताना चाहती हूँ कि मैंने अपनी बेटी को कैसे पाला |

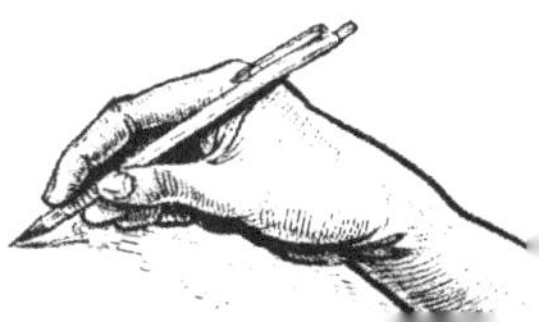

"यूँ ही कोई बेटी बड़ी नहीं होती"

बड़े ही इत्मीनान व तसव्वुर से पाली जाती है
यूँ ही कोई बेटी बड़ी नहीं होती।
नन्हीं कोंपले खिल रही है, लगता है,
जब वो तुतलाये लफ्जों में बतियाती।

रातों की नींद, जी भर का आराम
खोकर सींची जाती है घर की क्यारी।
कभी घोड़ा बनकर पीठ चढ़ायी जाती राजकुमारी।
कभी कंधों पर ढोयी जाती शक्कर की बोरी।
जैसे कोई तुकबंदी शायरी बन जाती।
ऐसे ही कोई बेटी बड़ी हो जाती।

जो रूठकर पर्दे की पीछे या पलंग के नीचे
छुप जाती है गुड़ की डली।
तो बड़े नाजो —नखरों और मान मनोबल
से उसे मनाया जाता है।

पहली कक्षा के नन्हें क़दमों को
बड़े लाड़ से सजाया जाता है।
घर से बाहर खेलने पर भी
उसे कई एहतियात दी जाती
यूं ही कोई बेटी बड़ी नहीं होती।

कभी आँखे तरेककर, कभी धौंस जमाकर
जो उसे डांटा जाता है।
तब आँखों की पतली धार से ही
सारा गुस्सा छू हो जाता है।
जो कभी थप्पड़ जड़ा हो तो
दिन भर मलाल रहता है।
जब आंच पड़े तो
वो अभेध इमारत की तरह खड़ी होती।
यूं ही कोई बेटी बड़ी नहीं होती।

पचासों बार तस्दीके दी होगी उसे,
सामान सही जगह रखने की,
पर मजाल हो कि उसने एक बार भी सूनी होगी।
कोई काम बताने पर उसने दसो बार कोताही बरती होगी

पर जब मैं शिथिल बिस्तर पर पड़ी होगी,
तब वो मेरे माँ बन गई होगी |
हर रात एक नयी कहानी की ईजाद होती |
यूं ही कोई बेटी बड़ी नहीं होती |

समझौता करना, बर्दाश्त करना,
शायद सबने सिखाया होगा |
पर मैंने उसे सिखाया है,
अपनी सही बात पर अड़े रहना |
सुई में धागा डालना
शायद मैंने ना सिखाया होगा |
पर मैंने उसे बताया है,
शोहरत की ऊँचाई पर भी जमीं पर टिके रहना |
सब्जी में नामक डालना,
शायद मैंने ना सिखाया होगा |
पर मैंने उसे जतलाया,
रिश्तों में मिठास डालना |
घर के कामों में शायद कच्ची होगी मेरी तरकीबे |
पर घर के चौखट से बाहर
दुनिया का मुकाबला वो खूब जानती |
यूं ही कोई बेटी बड़ी नहीं होती।

किसी ने तंज भी कसे होगे,
उसकी बेबाक परवरिश पर।
कई उँगलियाँ भी उठी होगी,
उसकी बेधड़क वजाहत पर।
किसी ने राय भी दी होगी
कि लड़कियाँ ऐसे नहीं पाली जाती।
आपके आशियाँ की नकहत पर,
ऐसे कई फब्ते वारी जाती।
पर मैंने कहाँ, ऐसी तज्वीजों को तरजीह दी होती
यूं ही कोई बेटी बड़ी नहीं होती।

कठिन शब्द

इत्मिनान – धैर्य

तसव्वुर – ख्याल

तस्तीकें – सावधानी के लिए सलाह

एहतियात – सावधानी

तंज – ताना मारना

ईजाद – आविष्कार

बेबाक – खुले रूप में

वजाहत – अभिव्यक्ति

तत्वीज – राय, उपदेश

नकहत – सुगंध

फब्ते – टिका – टिप्पणी

तरजीह – वरीयता

मलाल – अफ़सोस

10

पति – पत्नी की रोजमर्रा की ज़िन्दगी के वे पल जिसमें हर बार वो एक – दूसरे से आई लव यू ना बोलकर कुछ ऐसे काम व देखभाल करते हैं, जिससे प्रेम जाहिर हो जाता है | ऐसे ही कुछ क्षण पर आधारित कविता – मेरे हमनफस

मेरे हमनफस

जब बगैर नमक के सब्जी खाई तुमने,
बिना कुछ कहे तो लगा,
जैसे किसी ने मेरी ख़ामियों पर परदा डाल दिया
बिना दर्द के ऐसे ही थक कर जब मेरे पैर सहलाया
तो मेरा मन अभिमान से भर गया कि
मैंने तुम्हें पाया |
पीड़ा के क्षणों में जब तुमने मेरे शानों को दबाया
तो सोच में पड़ गई मैं, कि क्या करती तुम बिन |
जब उस रोज मेरी टेढ़ी मेढ़ी रोटी तुमने गोल कर दी
तो लगा किसी ने भर दिया मेरा अधूरापन |
जब कहीं छोड़ के जाने के पहले,
जो दर्द तुम्हारी आँखों में उभर कर आया
जो कभी आँसू ना बन पाया |
तो लगा कुछ और खुद को खो दिया
कुछ और तुम्हें पाया |

अपनी थाली का पहला कौर तुम्हारा मुझे खिलाना
अपना पीहर मुझे भुलाता रहा।
कहीं निकलने से पहले तुम्हारा बांहों में ले लेना
मुझे दिनभर तुम्हारी खुशबू में महकाता रहा।
जब मेरी चिल्लाहट में तुमने चुप्पी साध ली,
तो लगा इतना धीरज तुमने कहाँ से लाया होगा।
जब आलमारी में मेरे सारे कपड़े करीने से मिले,
तो लगा किसने मेरी भूमिका मुझसे बेहतर निभाया होगा।
रातों को जब बालों में हाथ फेरकर सुलाया,
तो लगा मेरी सारी तहे खोल दी हो किसी ने।
बिस्तर की सारी सिलवटें जब तुमने दूर कर दी,
तो लगा कुछ और सुलझ गयी मैं।
प्यार भरे लहजे में जब तुमने दो बातें कही,
तो लगा कुछ और संवर गयी मैं।
वो कई बातें जो मैं कभी अहम्, कभी झिझक,
कभी यूँ ही बेपरवाही में ना कह पाती हूँ

तुम जैसे, मैं अपना प्रेम जाहिर नहीं कर पाती हूँ
उन्हें तुम ऐसे ही समझ लेना |
और मान लेना कि ऐसी ही हूँ मैं |
उम्र के सारे पड़ाव में ऐसे ही मेरे साथ रहना |
मेरे हमनफस, तुम्हरे बिना बिखर जाउंगी मैं |
हम अच्छे या बुरे नहीं जानती मैं,
पर किसी और के लिए अनौचित्य होते |
एक दूजे के लिए हम संपूरक हैं |
वो जो एक औरत तुम में बसती है |
वो जो एक आदमी मुझ में रहता है |

कठिन शब्द

खामियां – कमियां, अभाव

शानो – कंधों

पीहर – मायका

करीने से – व्यवस्थित

हमनफस – हमसफ़र, सांसो के साथ चलने वाला

नफस – साँस

संपूरक – complementary

11

नौकरी करते हुए वह भी दौर आया कि दबाव इतना बढ़ गया कि वह निजी जीवन को भी नकारात्मक रूप से प्रभावित करने लगा था तब हमारी सकारात्मक सोच व ना टूटने वाली हिम्मत ही हमें हौसला देते रही| क्योंकि आपका परिवार ही वह जगह जहाँ से आपको प्रेम व संबल मिलता है |

अभी बड़ी जंग बाकी है

थोड़ी ताकत बचाकर रखी हूँ
अभी बड़ी जंग बाकी है।
तूफानों को कह दो रफ़्तार और बढ़ा ले
अभी इस दीये में थोड़ा तेल और तपन बाकी है।
सूरज के गोले सी आग तो ना होगी,
पर अब भी सीने में अगन बाकी है।
लोहे की नहीं तो ना सही, मिट्टी की बनी हूँ मैं,
पर मिट्टी की तासीर है बिखर कर वापस जुड़ना
तो जनाब अभी हमारा टूटकर वापस जुड़ना बाकी है।
ये तो आगाज मेरी उड़ान का
अभी मेरे परवाज का अगला पड़ाव बाकी है।
तुमने जितना सोचा था उतनी भी कमज़ोर नहीं मैं
गिरकर फिर उठकर मेरी एक और पारी बाकी है।
युद्ध समाप्ति का बिगुल अभी बजा नहीं,
अभी एक कुटिल पैंतरा दिया है दुश्मन ने
इस शतरंज में मेरी तरफ़ की बाजी बाकी है।

मुझे खुद को साबित नहीं करना, ना दुनिया को,
मैं लड़ रही हूँ, जिनकी बूढ़ी आँखों में,
मेरे जीतने की उम्मीद बाकी है।
मत हो परेशान मेरे हमनवां
बस इसी मोड़ पर ही मुश्किल खड़ी
जीवन की और फूलों भरी राहें,
जो जीनी तेरे संग बाकी है।
थोड़ी ताकत बचाकर रखी हूँ
अभी बड़ी जंग बाकी है।

कठिन शब्द

अगन – आग

तासीर – प्रवृत्ति

आगाज – शुरुआत

परवाज – उड़ान

बिगुल – कार्य की घोषणा/शंखनाद

पैंतरा – दांव – पेंच

12

प्रेम के आरम्भ में व्यक्ति के भीतर बहुत उमंग उत्साह बना रहता है। फिर साल दर साल यह जगमग करती रोशनी धीमी पढ़ने लगती है। एकरस दिनचर्या में प्यार कहीं गुम-सा हो जाता है ऐसे में कुछ और नहीं बल्कि, सामने वाले का साथ, देखभाल व गर्माहट आपके प्रेम की उर्जा को पुर्नजीवित कर सकती है।

सैराट

चलो वो पहले वाला प्यार खोज लाए।
वो बेसब्री, वो तिशनगी, वो फितूर वापस लाए।
वो आग का दरिया, फिर हम पार कर आए।
देखकर एक दूजे को धड़के दिल और सैराट हो जाए।

नौकरी, काम, घर, बच्चे की जिम्मेदारी के बोझ तले
कहीं पलंग के नीचे छुपा बैठा होगा
चलो वो पहले वाला प्यार मना लाए।
आँख नीचे भी मैं देख लूं, तुम्हें आते हुए।
तुम खुशबु से ही पहचान लो, मुझे गुजरते हुए।
मैं, मुझमें, मेरा कितना अहम् की दीवारें खड़ी हो गई
सिर्फ रवायत के चलते हम तुम साथ नहीं।
तू कुछ मुझमें बसा, कुछ मैं तुझमें समाई।
जब सारी दुनिया थी खिलाफ हमारे,
तब जोर से थाम रखी थी हमने एक – दूजे की मुट्ठी।
अब जब साथ है तो कभी तुम रूठे, कभी मैं रूठी।

किसने कितना कमाया इसकी गिनती के बजाय

ये पड़ताले कि हमने क्या खोया एक –दूसरे के लिए।

आपस में ऐब तलाशने की जगह

एक दूजे में खो जाए।

मकां की किश्ते भरते – भरते,

हम प्यार की रसीदों को खाली ही छोड़ आए।

एक – दूजे को पाने की कशिश हो

अब ज़िन्दगी में वो मोड़ आए।

घर में कौन सा किराना ख़त्म हुआ इसे छोड़,

इस बार थाली में पुरानी यादों की मिठास लाए।

चलो वो पहले वाला प्यार खोज लाए।

वो बेसब्री, वो तिशनगी, वो फितूर वापस लाए।

शोर इतना ना हो कि मैं तुम्हें सुन भी न सकूं।

पहले तो हमारी खामोशियों की भी ज़ुंबा थी।

दिल रजता नहीं था, आँखे भरती नहीं थी

गली – कूचो की ख़ाक छानते हुए एक वक्त बिंदास ये हम।

कौन क्या सोच रहा है, इस बात से बेपरवाह थे हम।

कितने बेहिस हो गए हम हालातों के चलते।

तल्ख बोलियों से भरे हैं वो लफ़्ज,
जो कभी चाशनी से लबरेज थे |
चलो उसी हुगली किनारे कूद जाने के बचकाने दावे करें |
तू नहीं तो, तुझसा भी नहीं, ऐसे बिसरे वादे करें |
फिर मैं तेरी हीर बनूँ, तू रांझा मेरा
मुहब्बत की इबारत में एक नाम मिर्ज़ा तेरा |
चलो वो पहले वाला प्यार खोज लाए |

क्यों गिने अपनी सलाहियत के हिसाब
हमें क्या हासिल होगा ?
कौन मुतमईन है यहाँ ?
कौन मुकम्मल होगा ?
मोह के धागे गर कच्चे निकले,
तो चलो इन्हें पतंगों के मांजो से बांधे |
तीर सीधा दिल को छलनी करे,
वैसी कोई कमान साधे |
फिर किसी सूने सिनेमा के कोने की सीट मांगे |
फिर मुझे जुस्तजू हो तेरी, तू मन्नतों में मुझे मांगे |
मैं तेरी मानिंद रहूँ, तू मेरी बांहों में |
सारी तन्कीदे छोड़ और आगोश में ले |
मैं तुझसे मावाफिक होउ, तू बस मुझसे वाबस्ता रहे |

सारे जहाँ को भूला, बस एक दूजे से राब्ता रखें।
फिर बेमतलब, बेकायदा एक दूसरे पर जां छिड़के।
मुहब्बत की मकतब पर फिर से ढ़ाई आखर सीखे।
जर्द फूलों को सब्ज कर दे ऐसा पारस लाए।
चलो वो पहले वाला प्यार खोज लाए।
वो बेसब्री, वो तिशनगी, वो फितूर वापस लाए।
वो आग का दरिया फिर हम पार कर आए।
देखकर एक दूजे को धड़के दिल और सैराट हो जाए।

धूप बहुत दिनों से उदास है।
बारिश कई दिनों से चुपचाप है।
फिर किसी शाम बालकनी में चाय की चुस्की का मजा लेते हैं
फिर इधर – उधर की खामखाँ की बात करते हैं।
रूह तक को भीगा जाए ऐसी बरसात आए।
जमीं फिर धानी हो जाए ऐसी अरदास लाए।
चलो वो पहले वाला प्यार खोज लाए।
वो बेसब्री, वो तिशनगी, वो फितूर वापस लाए।
वो आग का दरिया फिर हम पार कर आए।
देखकर एक दूजे को धड़के दिल और सैराट हो जाए।

कठिन शब्द

मवाफिक – के अनुसार /ढालना

तिशनगी – प्यास, तलाश

फितूर – सनक

सैराट – प्यार में पागल (मराठी भाषा जनित शब्द)

अहम – घमंड

रवायत – रिवाज

ऐब – बुराई

कशिश – तलाश/तीव्रता

रजता – संतुष्ट होना

बेहिस – संवेदनाहीन

तल्ख – कड़वी

लबरेज – परिपूर्ण

हुगली – कलकत्ता की नदी

फरामोश – भूलाना

सलाहियत – योग्यता/काबिलियत

मुतमईन – आत्म संतुष्ट

मुकम्मल – सम्पूर्ण, सर्व सम्पन्न

मानिंद – चिंताएं

वाबस्ता – पहचान रखना

राब्ता – रिश्ता

मकतब – पाठशाला

जर्द – सूखे/पीले पड़े

सब्ज – हरा – भरा

पारस – लोहे को या किसी भी धातु को छूकर सोना बनाने वाला धातु

खामखाँ – फ़ालतू में

धानी – धान की पत्तियों का हल्का हरा रंग

अरदास – सिक्खों की प्रार्थना

13

नारी को समाज में दोयम दर्जा मिला है यह बात मुझे रह–रहकर कचोटती रही।

चाहे कितने ही बड़े पद में आसीन हो या कोई भी असम्भव कार्य कर दिखाए।

हर बार उसे अपनी काबिलियत साबित करने का मानसिक दबाव बेवजह रहता है।

कोई और उसे इस बात की सलाह देता है कि उसे क्या पहनना चाहिए कैसे हँसना चाहिए, पार्टी समारोह में कैसे बर्ताव करना चाहिए।

शादी हो जाने पर उसे सास–ससुर के अपेक्षाओं पर खरा उतरना चाहिए। यह परखने वाला कोई नहीं कि एक सफल औरत को सफलता प्राप्त करने के लिए घर के जिम्मेदारियों को वहन करते हुए आगे बढ़ना पड़ता है। जबकि एक आदमी के लिए उसके परिवार का समर्थन व मदद सहज रूप से मिल जाता है। मेरी आगे की तीनों कविता इन्हीं सब बातों के आगे पीछे चित्र उकेरती है।

मर्द से बढ़कर मर्दानी है

मर्द से बढ़कर मर्दानी है
यह नयी इबारत, नयी कहानी है
सारे वो उद्धरण बेमानी है
जिसमें आँखों में आँसू आंचल में पानी है
नर से बढ़कर नारायणी है
यह अलख ज्योत सबको जलानी है |
पिता कैसे तेरा संरक्षक बना
पति कैसे देव हो गया
तेरे निर्णयन की डोर किसी और ने क्यों थामी है
तू अपने जीवन की खुद स्वामिनी है |
मर्द से बढ़कर मर्दानी है |

रस के गीतों की निशब्द मूर्त ना बन
टीपू की तलवार बन जिसका ना कोई सानी है
तू ही तो हर स्त्री में छदम वीरांगना रानी है
वो एक झाँसी की रानी थी तू जग की साम्राज्ञीनी है

सिर्फ बुंदेलो नहीं ये बात सबको सुनानी है
तुम्हें जो सोचना है सोचो
मुझे अपनी मर्जी की ही कर जानी है।
सौ बार कोख में मारी गई
तू वो जीवनदायिनी है।
मर्द से बढ़कर मर्दानी है।

ना झुक, ना मदद की गुहार कर
ये दुनिया उन्हें ही गिनता है जो स्वाभिमानी है।
घुटन और दहलीज को त्याग,
निकल उड़ने स्वछंद जैसे खग।
ये खाली आकाश तेरा है, जो पूरा आसमानी है।
मर्द से बढ़कर मर्दानी है।
यह नयी इबारत, नयी कहानी है।

कठिन शब्द

इबारत – लेख/रचना

उद्धरण – उदाहरण

छदम – छुपी हुई

खग – पक्षी

14

मैं आजाद हूँ मैं आजाद हूँ

चांद ना बन जो कोई रात को ताके।

सूरज-जैसी गर्मी पैदाकर जो फैलाद को पिघला दे।

दृढ़ बन क्योंकि झुके हुए वृक्ष ही पहले काटे जाते।

शक्ति का पुंज बन क्योंकि जर्द फूल पैरों से कुचले जाते।

चांद ना बन जो कोई रात को ताके

ये खाप पंचायते जो हर कदम पर भेदभाव करते।

चार दीवारी के भीतर मानव का दर्जा नहीं देते।

और मंदिरों में निष्प्राण पत्थरों को देवी बोल पूजते।

ये समाज के नुमाइंदे

जो लाद देते हैं तेरे माथे पर कायदे।

तेरी आवाज परवाज पर कई तंज कसते।

चाँद ना बन जो कोई रात को ताके

तू दौड़ का वो घोड़ा बन

जिसका लक्ष्य है जीतना।
अर्जुन का वह तीर बन जिसका काम है भेदना।
ये रंगे हुए सियार जो तुझे डराते,
उन्हें ये बतला दे कि शिकार तो शेरनी करती है
शेर नहीं करते।
चाँद ना बन जो कोई रात को ताके
निकल चल दुनिया को दिखा दे।
हाँ, मैं आजाद हूँ मैं आजाद हूँ।

15

मैं कोई महान नहीं बनूंगी

मैं कोई महान नहीं बनूंगी
इंसानी तौर पे हम एक जैसे
तो मैं भी तुम्हारे समान बनूंगी।
अस्मिता, स्वाभिमान की बात होगी,
तो अधिकार समान लूंगी।
किसी खूबसूरत तस्वीर की तरह सजकर
घर में कोई सामान नहीं बनूंगी
मैं कोई महान नहीं बनूंगी।

उतने ही नाज़ों से पली मैं मायके में
जैसे तुम लाडले रहे अपने माँ के
बेटा जब पिता का स्थान ले ले
तो बेटी का भी फर्ज है वो दे कमा के
मैं सिर्फ नींव का पत्थर बनकर संतुष्ट नहीं

जो किसी को दिखाई ना दे
मैं नीव से कंगूरा तक पूरी इमारत बनूंगी |
मैं कोई महान नहीं बनूंगी

इस चारदीवारी को बनाने में, मैंने भी
अपनी ज़िन्दगी का दिया है सौ फीसदी |
तो दरवाजे के बाहर क्यों लगी है
सिर्फ तुम्हारे नाम की तख्ती |
जो किसी को याद भी ना रहे
वो नाम नहीं बनूंगी |
मैं कोई महान नहीं बनूंगी |

तुम बन गए अच्छे बेटे, भाई और चाचा
तो मैं सिर्फ बहु पत्नी और माँ ही क्यों रह गयी
मेरे अंदर की बेटी, बहन और मौसी कहाँ रह गई
सारे पुराने रिश्ते सिर्फ मैंने ही क्यों त्यागे ?
मैं ही क्यों चलूँ ? अपनी सारी पुरानी भूमिका भूला के |
सारे गुणों का ठिकरा मेरे ही सर पर क्यों ?
मानवीय खामियां लेकर मैं भी साधारण बनूंगी |
मैं कोई महान नहीं बनूंगी |

लिखी - पढ़ी भी मैं उतना जैसे तुम,

तो सिर्फ तुम्हारी कही बातें ही क्यों है नियम ?

मैं किसी भी स्तर पर तुमसे नहीं कुछ कम |

मैं हर तर्क पर खरी उतरी बाते ही मानूंगी

किसी मनुवाद से मैं तुम्हें भगवान् नहीं मानूंगी

मैं कोई महान नहीं बनूंगी |

इंसानी तौर पे हम एक जैसे

तो मैं भी तुम्हारे समान बनूंगी

उन सारी घरेलू औरतों का योगदान ना ही विकास ना सकल उत्पाद में होगा |

पर अवश्य ही उनका योगदान त्याग, प्रेम, समर्पण सहानुभूति व अनवरत श्रम जैसे सभी मद में होगा |

किसने कहा कि झुककर, समझौता करने में नारीत्व है

क्या यही पोथी – पुरानों का सार तत्व है |

ऐसा निर्णयन करना भी तो उन पुरुषों का दयित्व है |

तुम केवल एक लड़की हो, कुछ ना कर सकोगी,

ऐसा सुनकर भी मैं अपना मनोबल कम ना होने दूंगी |

सुन्दर – सुशील की ही क्यों रवायत बनी है |

दृढ़, स्वाभिमानी, निर्भया जैसे मैं नए उपमान रखूंगी

मैं कोई महान नहीं बनूंगी |

घर व बाहर की जिम्मेदारी तो हमने की साथ साझा |
तो ये हर वक्त का भय मुझे ही क्यों सालता ?
कि कहीं कुछ भूल तो ना हो गई हो
कि कहीं कुछ कमी तो ना रह गई हो
तुम्हारे बगैर कैसे मैं सम्पूर्ण बनूंगी ?
कोख में अपनी रक्त कणिकाओं से पाले
इस भ्रूण को अपना नाम दूँगी |
किसी और के श्रेय अपना निर्माण नहीं दूंगी |
मैं कोई महान नहीं बनूंगी |

16

दो कदम मेरे

मरकत के डिब्बों की रेत शाम की बाहोँ में सोये हुए
अधखुली नींदों के सपनों में कुछ खोए हुए
उच्चाकान्क्षाओं के पर्वत और दो कदम मेरे
प्रति पल धुंधलाता जाता धुंआ उठते हुए
जर्रा – जर्रा घटते हुए और कदम बढ़ते हुए

कभी अस्तित्व बनाने का प्रयास
थामना है जैसे पूरा आकाश
संवेदनाओं की प्रथाएं निभाते हुए
अश्रु कुछ बहाते हुए
जहन में कुछ करने का साहस
तूफानों की धीमी आवाज
दम उखड़ने का अहसास
फिर भटकना बदहवास

एकांक पक्षी और दूरियों के दायरे बढ़ते हुए।
ये लम्बे अँधेरे और सपने रोशनी से नहाए हुए।
हिम्मत, हकीकत, हौसला व हार सब कुछ है पास,
विजय होगी मेरी, मुझे है पूरा विश्वास।
हाथ बन्द है मेरे, मेरी कई क्षमताएं लिए हुए।
मरकत के डिब्बों की रेत शाम की बाहोँ में सोये हुए।
अधखुली नींदों के सपनों में कुछ खोए हुए।

17

यह अगली कविता मेरे उस देवर को श्रद्धांजलि है जो एक अच्छा बेटा, पति, भाई व पिता था | जिसका देहावसान 2018 को बहुत ही कम आयु में हो गया | उसके चले जाने के एक हफ्ते से मैं उसे फोन लगाकर बात करना चाह रही थी पर काम, नौकरी, घर में व्यस्तता के चलते नहीं लगा सकी | जब फोन पर उसकी अन्तिम खबर लगी तो लगा काश कॉल कर लिया होता, काश उसकी आवाज अन्तिम बार सुन ली होती ! काश !

"सोनू"

पत्थर के जिस्म में तुम कैद हो गए।
सैलाब – सा दिल में रहा, तुम बुत हो गए।
जिस दिन तेरी तस्वीर रखी दीवार पर
कितनी चीखे थी, जो बेसदा रह गई
कितनी आहें थी, जो बेजां रह गई
काश पूरी तरह जाहिर होते हम तुम्हारे सामने।
भीड़ में तुम्हारे चेहरे सा कुछ तलाशने।
आँसू भी खुद पोंछ लेते आँखों के किनारे।
मालूम है, तुम नहीं आओगे हमें चुप कराने।
हम टूट भी नहीं रहे हैं इस डर से
कि इस बार तुम ना आओगे हमें समेटने।
देखो कितने बेरहम हो गए हम तुम्हारे बहाने।
सुनने को कोई बचा नहीं यार बकर वाले गाने।
ढूंढकर भी आए तुम्हारे तफरी के ठिकाने।
नाइट्रस लगाकर गली चौबारे सब छाने।
बारहा उन्हीं रास्तो से गुजरकर।

सोचा रख लेगे तुम्हें दबोचकर।
दिल फरेब में है कि किसी सजदे से तू आ मिले।
ख़ुदा ने किसी को भेजा नहीं बका करके।
हम भी आयेगे तेरे सदके में उम्र अता करके।
तब लेगे हर सिम्त का हिसाब
कि लम्हों ने खता की थी
सदियों ने सजा क्यों पाई ??
ख़ुदा के वजूद पर अब यकीं ना रहा।
वो एक शख्श जो मौजूद था, अब नहीं रहा।
वक्त ए रुखसत में ना मिल सके ये अफ़सोस रह गया।
अदम ए मुलाक़ात में बताएगे तुम्हे यूँ ही बेवजह नहीं आए।
तेरे बेजार किए रुखसारों को रंग भरकर आए।
पैरहन हमने भी बदले पर सफीनो को किनारे करके आए।
कड़ी धूप में पलने वाले पौधों के लिए शजर बनकर आए

पत्थर के जिस्म में तुम कैद हो गए
सैलाब सा दिल में रहा, तुम बुत हो गए

कठिन शब्द

सैलाब – तूफ़ान

बुत – मूर्ति

बेसदा – बिना आवाज के

बेजां – प्राण विहीन

तफरी – सोनू का कहा special word घूमने के लिए

नाइट्स – सोनू का invented word

बारहा – बारम्बार/हर बार

बका – अमरत्व

सजदे – प्रार्थना

सिम्त – पल

वक्त ए रुखसत – बिछोह का समय

अदम ए मुलाकत – प्रलय के आखिरी दिन

पैरहन – कपड़े/लिबास

सफीने – नावें

शजर – बड़ा वृक्ष

18

यह कविता उस विशेष व्यक्ति के लिए है जिसके कारण मैंने खुद से प्यार करना सीखा जिसके पास रहने से मैं आत्मविश्वास से भर जाती जो मेरे ज़िन्दगी में साथ ना होकर भी कड़ी धूप में साए की तरह चलता रहा | जिसने मुझे अहसास दिलाया कि I am so complete.

"एक गुनाह"

एक गुनाह की सदहा सजा पाई हमने |
पैहम रिसता रहा खून ए जिगर,
जख्म रूह पर था, मरहम जिस्म पर लगाते रहे |
कितने बेहिस थे हम, वो प्यार करता रहा
हम सीने पर खंजर उतारते रहे |

दुनिया की रियाकारी से नावाकिफ थे हम |
अच्छे बुरे की पहचान बड़ी मुश्किल थी |
ना किस जबीं पर शिकन थी,
ना किसी हाथ में खंजर निकला
वहशत थी शौक या जुनूं था
हमसे गुनाह कराते रहे |
जख्म रूह पर था,
मरहम जिस्म पर लगाते रहे |
भरी बज्म में भी कुछ खलवत थी
अपने अक्स में भी खुद को स्याह नजर आते रहे

जुंबिश ए लब पर भी पांबदी थी
हम सुकूत में भी उन्हें पुकारते रहे
हालात ए मजबूरी कुछ ऐसी पड़ी
कि उसकी सादिक मुहब्बत को भी ठुकराते रहे।
जख्म रूह पर था
मरहम जिस्म पर लगाते रहे
उम्मीद तो खुशियों की थी पर
सजदे में सिर्फ आजार बारहा अता पाई हमने
एक गुनाह की सदहा सजा पाई हमने

कठिन शब्द

सदहा – सैकड़ों बार

पैहम – लगातार

बेहिस – असंवेदनशील

रियाकारी – पाखण्ड

जबीं – माथा

वहशत – सनक/उन्माद

वज्म – समारोह

खलवत – एकान्त

अक्स – प्रतिबिंब

स्याह – काला

जुंबिश एलब – होठों का हिलना डुलना

सुकूत – मौन

सादिक – पवित्र/पाकीजा/वेदाग

सजदे – प्रार्थना

आजार – दुःख

बारहा – कई बार

अता पाई – प्राप्त हुआ

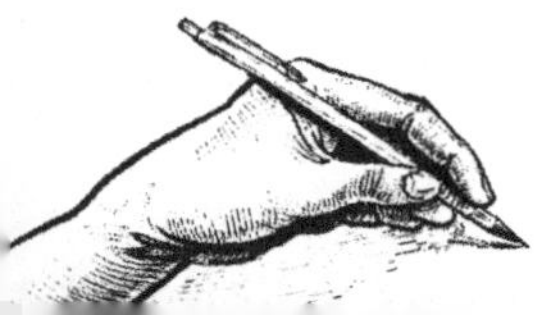

19

मेरी यह कविता मेरे भगवान् को समर्पित है जिनके कारण आज मैं एक सम्मानित जीवन जी रही हूँ। ना सिर्फ जातीय तौर पर मैं उनकी एहसानमंद हूँ बल्कि एक महिला होने के नाते भी मैं उनकी कृतज्ञ हूँ। भारत की जनसँख्या के लगभग 60 % ऐसे लोग होंगे अनुसूचित जाति/जनजाति/पिछड़ा वर्ग जिनकी ज़िन्दगी जहन्नुम होती यदि वो एक शख्स हमारे हितों को आइद में सुरक्षित करके ना गए होते।

"डॉ. भीमराव अम्बेडकर"

ग़दर

रहनुमा बन भीड़ का हिस्सा नहीं |
गीदड़ करते हैं झुण्ड में शिकार,
तू एक अदद शेर ही काफी है |
ये जात के ठेकेदार जिन्होंने तेरे घर तख्ती टांगी है
इन्हें बतला दे कि इस बार मुमकिन ना माफ़ी है
हर वो शख्स बेनकाब होगा,
जिसने भेड़िया होकर अपनी शक्ल ढ़ाकी है |
तू एक अदद शेर ही काफी है |

तू मजदूर है तो मजलूम ना बन |
तू संसद की पहली कतार का मुकाम हासिल कर |
ऐसी आँधी कर सारे तख़्त हिल जाए |
हुक्मरानों की बस तामिल ना कर,
आवाज में इतनी असर पैदाकर कि जाए अर्श तक |
फिर कोई भीम ना बैठाया जाए फर्श पर |
बिखरे मोती की कीमत नहीं होती बाजार में |

एकधार बन और प्रलय खड़ा कर।
जिसमें लिखी है तेरी दासता की कहानी,
ऐसी किताबों को ख़ाक कर।
एक आदमी ने ही लिख दिया ये पूरा विधान।
तू अपनी ही हदों से नावाकिफ है।
ये जम्हूरियत लंबे संघर्ष का नतीजा है।
किसी ने मंदिर में प्रसाद की तरह ना बांटी है।
तू एक अदद शेर ही काफी है।

तेरी सादगी को तेरा डर समझा गया।
तेरी ख़ामोशी में तुझे बेजबां समझा गया।
अपना जीवन अपनी शर्तों में जी,
रेजा – रेजा जीने में क्या रखा है ?
आरक्षण की राजनीति हो या कोटे का छलावा
तू हमेशा ही ठगा गया है।
उनके बनाए कानून को आँख मूँदकर मत स्वीकार करो, तर्क करो
बाबा ने कहा था शिक्षित बनों, संगठित रहो और संघर्ष करो।
फूंक दो शंखनाद, उदघोष कर दे युद्ध का।
तू अकेले ही लाखों से भीड़ जा।
जो तेरी आहुति चढ़ी इस भेंट में,
तो प्रतिकार लेने तेरी पुश्तें है खड़ी।

है ग़दर तो ग़दर सही |

ये कोई दो सदी में सुलझ जाए वो किस्सा नहीं |

रहनुमा बन भीड़ का हिस्सा नहीं |

गीदड़ करते हैं झुण्ड में शिकार

तू एक अदद शेर ही काफी है |

कठिन शब्द

ग़दर – विद्रोह Revolt

रहनुमा – अगुवा नेता, प्रथम पंक्ति का हिस्सा

मजलूम –शोषित वर्ग

अर्श – आकाश

हुक्मरान – शासक वर्ग

तख्त – सिंहासन throne

खाक कर – जलाकर

हद – सीमा

नावाकिफ – अनजान

जम्हूरियत – लोकतंत्र

रेजा – रेजा – शनैः – शनैः/धीरे – धीरे

पुश्तें –आने वाली पीढ़ियाँ

प्रतिकार – बदला

तामिल करन्स – आज्ञा मानना (obey)

आइंद – संविधान/क़ानून की किताब

20

यह कविता भी हमारे समाज की रवायत के खिलाफ है जिसमें लड़कियों को देखने के व परखने के लिए बेहद तंगदिली का चश्मा पहना जाता है | बहुत ही गजब बात है हमारे देश में यदि किसी को कोई भी गाली देनी है तो औरतों का प्रथम वरीयता मिल जाती है | आखिर यह परंपरा शुरू कैसे हुई ? उस सिन्धु नदी के किनारे से या वैदिक काल में गुप्त काल या राजपूत काल या फिर मुस्लिम आक्रान्त्कों के साथ या अंग्रेजी काल में | कब आखिर नारी अस्मिता इतनी गर्त में चली गई ? लेकिन इन चीजों को ख़त्म कब होना है यह आज की युवा महिलाएँ तय करेगी |

अय्यारी

बड़ा मुश्किल है नन्हीं कलियों को सींचना इस दौर में।
कभी आबरू का डर
कभी तेज़ाब का छपाक।
शाम की सुनसान गलियों का भय
रात अंधेरों में भूखे भेड़ियों का खौफ।

लगा इस बदतर दुनिया में इसे लाकर गलती तो नहीं कर दी।
फिर सोचा किस दौर में थी औरतें हिफ़ाजत से ?
जब दहलीज के अंदर थे उनके पाँव,
या हिजाब में छिपे ये उनके चेहरे।

अड़चनें तो बहुत आएगी बेटा,
पर मुश्किलें हैं मजबूत बनाएगी
हमारा हौसला हमें हारने ना देगा
अपने – अपने हिस्से की जंग हमें खुद लड़नी होगी।

अपनी बिटिया को रोटी गोल बनाने के पहले,
मैंने सिखाया आसमां नीला क्यों है ?
माथे पर बिंदी गोल लगाने के पहले,
मैंने बताया कि सूरज चमकीला क्यों है ?
सच इस देश का जतलाया कि,
देवियाँ मंदिरों में पूजी जाती है
और गालियाँ औरतों पर रखी जाती है |

पर यह सोचकर हाथ नहीं धरना,
कि समय के साथ सब ठीक हो जाएगा |
ये तस्वीर हमें खुद बदलना है |
कालचक्र का पहिया यूँ और ऐसे घुमाना है,
कि समता का अधिकार ना रह जाए
सिर्फ आइंद में सिमटकर,
बल्कि, फैले हर सिम्त खुरशीद की शुआओं की तरह |
खूबसूरत होना जरुरी है, पहले इस फूंसू से खुद को आजाद कर |
तालीम की ताकत से खुद को सरशार कर |
तुममें ही पिन्हा है सारी कायनात
ये बात अपने तरीकों से साबित करनी होगी |
अपने – अपने हिस्से के जंग हमें खुद लड़नी होगी |

मैं लड़कर यहाँ तक पहुंची
तुम कुछ मुझसे आगे बढ़ना।
मायूसी की जंग पड़े ना इरादों पर,
जो हमें दूर तलक निकलना।
घबराना मत, जब तुम्हारे लिबास से तुम्हारा चरित्र आंका जाएगा।
ठिठकना मत, जब तुम्हारे जिस्म से तुम्हारा ज़हन नापा जाएगा।
खिलखिलाहट हंसने का सही तरीका नहीं
ये जमाना तुम्हें समझाएगा।
तारीक रातों में तुम्हारा घर लौटना
सबको खटक जाएगा।
चार दोस्तों के साथ गप्पे लगाना
सबको खल जाएगा।

घर स्कूल कॉलेज तक तुम्हारी हदें बाँधी जाएगी।
सबाहत के उलझाव में तुम्हें आइनों के सामने बिठाया जाएगा
फिर किसी बहाने से तुम्हारी कमतरी जताई जाएगी।
तुम्हारा वजूद सिर्फ वो नहीं जो बाहर से झलकता है
बल्कि खुद को जाहिर करने की अय्यारी तुमको सीखनी होगी।
अड़चने तो बहुत आएगी बेटा
पर मुश्किलें हमें मजबूत बनाएगी
हमारा हौसला हमें हारने ना देगा
अपने – अपने हिस्से की जंग हमें खुद लड़नी होगी।

कठिन शब्द

आबरू – इज्जत (prestige)

हिजाब – बुर्का (veil)

आइंद – संविधान/कानून की किताब (constitution)

सिम्त – लम्हा (moment)

खुरशीद – सूरज (sun)

शुआओं – किरणों (rays)

फुन्सू – जादू (magic)

सरशार – परिपूर्ण/लबरेज (full)

पिन्हा – सीमित (contained)

ज़हन – आत्मा/मन (soul)

तारीक – अँधेरी (darkness)

सबाहत – गोरापन (fair color)

अय्यारी – जादूगरी (magic) भेष बदलना

21

मेरे बाबूजी अपनी 72nd सालगिरह पर मुझे बोले कि कुछ सुनाओ | उस वक्त मैं निःशब्द हो गई | आखिर इतनी लम्बी यादें हैं उनके साथ | कैसे और किस तरह चार लाइनों में उन्हें पिरोया जाए | बचपन के बहुत सालों तक हम बहनें उनके साथ ही नहाते, एक थाली में खाना खाते और साथ सोते | मेरी परवरिश में मुझे स्पष्ट याद है कि जितना समय बाबूजी ने दिया वो शायद आई /माँ से भी ज्यादा था | हमारे देश में ऐसे कम ही घर होंगे जहाँ पिता ने बेटियों की परवरिश में इतनी संलग्नता दी हो तो उनमें से मेरा भी घर था | बच्चों के प्रति हिंसक व्यवहार तो दूर की बात है मैंने उन्हें खुद को झिड़की लगाते भी नहीं देखा | एक बात जो मैंने उनसे सीखी वो थी किफ़ायत की | अपने संसाधनों का बेहतर व बुद्धिमत्ता से इस्तेमाल करने का महत्व आज के सभी अर्थशास्त्री व पर्यावरणविद भी मानते हैं |

मछली का काँटा कहीं खाते हुए हमें ना चुभ जाए इसलिए पहले खुद खाकर फिर अपनी जूठन वो हमें खिलाते | गर्मियों के दिनों लाइन गुल हो जाने पर अख़बार का पंखा झलने ताकि हमें मच्छर ना काटे |

मेरे बाबूजी को सब आता है

झुलसती दोपहर में कैसे साया बना जाता है |
बरसते ओलों में कैसे मकां गढ़ा जाता है |
उफनती नदियों के बीच कैसे, मौन दरिया समां जाता है |
मेरे बाबूजी को सब आता है |

पलंग के नीचे बैठी बिटिया को कैसे मनाया जाता है |
चाकलेट देकर रुसुवाई को कैसे गुदगुदाया जाता है |
बच्चों की नाफर्मानियों को कैसे नजरअंदाज किया जाता है |
गीली मिट्टियों को ढालकर कैसे सनतराज बना जाता है |
अरंडी की पतली चादर में कैसे बच्चों को समेटा जाता है |
मेरे बाबूजी को सब आता है |

टूथपेस्ट को पिचककर कैसे उसकी आखिरी बूँद निचोड़ी जाती है
गले – कुचले साबुन से कैसे एक नयी टिकिया बनाई जाती है
बिना मैकेनिक के कैसे कूलर से ठंडक पाई जाती है।
चिल्हर की खनखनाहट होती है और भरी जेबें चुपचाप होती है।
पैसे बचाना भी कैसे, पैसे कमाने के बराबर होता है।
मेरे बाबूजी को सब आता है।

डांट खाने के डर से पान की पीक को कैसे
सफ़ेद कुर्ते में छिपाया जाता है।
ज़िन्दगी की छोटी थाली में कैसे अचार, पापड़, दाल, चांवल परोसा जाता है।
अपनी कही बातों को करके दिखाने में ही वजन आता है
कीमत पैसों की नहीं बल्कि इंसान की होती है कि कैसे
वह उसे खर्च करता है।
इस दिखावे की दुनिया से उलट सादमी से कैसे जीवन जिया जाता है।
मेरे बाबूजी को सब आता है।

ऑफिस की सारी ऊहापोह को कैसे चौखट के बाहर रखा जाता है।
धुप्प अंधेरों में कैसे आस की एक किरण से रास्ता नापा जाता है।
एक प्रतिशत की सम्भावना में कैसे जोखिम उठाया जाता है।
सफलता के किसी शिखर पर कैसे जमीन से रिश्ता निभाया जाता है।

सफलता पाने कैसे अनवरत श्रम किया जाता है |
लगन हो तो धूप, ठण्ड, पानी का पता नहीं चलता
और रास्ता तय हो जाता है |
मेरे बाबूजी को सब आता है |

छोटे से घर पर कोई चीज कैसे करीने से रखी जाती है |
सफर के दौरान क्या सावधानी बरती जाती है |
विकट परिस्थिति में कैसे सब्र की ऊँगली थामी जाती है |
कमाई गयी इज्जत, मांगी हुई खुशियों से कैसे बेहतर होती है
मालगुडी डेज की उस धुन पर कैसे अल्हड़ झूमा जाता है |
मेरे बाबूजी को सब आता है |
कैसे अपनी जरूरतों को कम कर बच्चों की जिद पूरी की जाती है |
मामूली चीजों में, कैसे बड़ी खुशियाँ ढूंढी जाती है |
घनी असफलताओं के उतार पर कैसे सीढ़ियाँ चढ़ी जाती है |
मंजिले धुंधली, रास्ते कठिन हो तो सफ़र को कैसे
दिलचस्प बनाया जाता है |
किसी नाजुक क्षण में आंसुओं को आँखों के किनाए
कैसे जब्त किया जाता है |
हर फ़िक्र को कैसे धूएं में उड़ाया जाता है |
मेरे बाबूजी को सब आता है |

कैसे तिनका – तिनका जोड़कर घर बनाया जाता है।
जो रस्में पूरी ना हो उन्हें कैसे खूबसूरत मोड़ दिया जाता है।
कभी मुझे कोई झिड़की लगाईं हो, ऐसा याद नहीं पड़ता है
बच्चों की ख़ामियों को छुपाकर कैसे खूबियों को उभारा जाता है।
अनकहे शब्दों से कैसे लाड़ जताया जाता है।
मेरे बाबूजी को सब आता है।

कठिन शब्द

दरिया – समुद्र

रुसुवाई – बार – बार रूठने वाली लड़की

नाफरमानी – अवज्ञाकारिता (disobediences)

सनतराज – मूर्तिकार

अरंडी – कपड़े की एक किस्म

ऊहापोह – परेशानियाँ (pissing off)

करीने से – सही तरीके से/व्यवस्थित (cutesy manner)

मालगुडी डेज – पुराना सीरियल का गाना "ताना ना ना......"

झिड़की – डांट (admonish)

हर फ़िक्र को धुंए में उड़ाना – देवानंद की फिल्म का मनपसंद गाना

"मैं ज़िन्दगी का साथ निभाता चला गया |"

22

मेरी अगली कविता मौत का तर्जुमा जीवन के बहुत अंधे मोड़ पर मैंने लिखा | वो मायूसी का दौर कोरोना बीमारी के रूप में हम सबके साथ बीता | हर घर से किसी अपने की विदाई हुई | ऐसे ही बेहद नजदीकी रिश्तेदार का अचानक साथ छोड़ जाना हमारे परिवार में कहर की तरह बरसा |

मौत का तर्जुमा

हर तरफ़ गहरे अँधेरे और लंबे सन्नाटे हैं |

पता नहीं किसके हिस्से, कितने दुःख बाँटे हैं |

मजन्मूआ – ए – दौलत कम पड़ गई,

चंद सांसों को खरीदने |

हमसुखन के नक्श भी खत्म हो गए,

ख़ुदा जाने कौन से रास्ते आए हैं ?

ज़िन्दगी की दौड़ का सारा रश्क और मक्तबे ख्याल

यहीं आकर खत्म हो जाता है

ये मौत कई जनाब किसी को बख्शती नहीं

ना सदाए कोई सुनता है

ना नुमाया कुछ नजर आता है

बस एक अँधेरी खोह है

और कुछ बहते हुए साये हैं |

हर तरह गहरे.........

बेहिस हो जाएगे आप

किस – किसके लिए आँसू बहाएगे।
जिनके चेहरों पर पिन्हा थी,
आपकी सारी खुशियाँ।
वो आपसे एक – एक करके जुदा होने वाले हैं।
दैरो हरम में कैद वो सारे बुत
आपके कोई काम ना आने वाले हैं।
ये जो बीमारी है मौत का तर्जुमा है।
आखिरी सफ़र में हम सब फ़ना होने वाले हैं।
यहीं तक तेरी हद है हयात,
तू यहीं तक है महदूद,
ये कायनात के इशारे हैं।

अज़ल से मसला था जन्नत और दोजख का
लेकिन अब बहस ख़त्म और जीने का मांदे है।

हर तरफ़ गहरे अँधेरे और लंबे सन्नाटे हैं।
पता नहीं किसके हिस्से में, कितने दुःख बाँटे हैं।

कठिन शब्द

मजन्मूआ – संग्रह (collection)

हमसुखन – साथ चलने वाला (companion)

नक्श – निशान/पद चिन्ह (foot steps)

सदाए – आवाज (voice/sound)

नुमाया – स्पष्ट (lucid)

खोह – गुफा (cave)

बेहिस – पत्थरदिल (insensitive)

पिनहा – सीमित (contained

ढेरो हरम – मंदिर मस्जिद

बुत – मूर्ति (statue)

तर्जुमा – अनुवाद (translation/interpretation)

पूना – ख़त्म (end /abolish)

हयात – ज़िन्दगी

महदूद – सीमित (limited)

कायनात – प्रकृति (nature)

अजल – अनादिकाल (since beginning of time)

दोजख – नर्क (Hell)

मादे – अल्पता (scarcity)

रश्क – ईर्ष्या (enviers)

मक्तबे ख्याल – सिद्धांत पद्धति (principles)

23

कुछ नेगेटिव लोग हम सबके जीवन में आते हैं | कुछ सजा देने आते हैं कुछ सबक देने | ऐसे ही कुछ लोग मेरे जीवन का एक बहुत बड़ा हिस्सा रहे उन्हीं लोगो को समर्पित मेरी आगे की दोनों कविता अजाब व संगेदिल

"अजाब"

नफासत व तसव्वुर से सजाया था जिस आशियाँ को

उम्र भर की चाहत और मुद्दत की बंदगी का अजाब हासिल निकला।

सोचते थे जिस घर के अकेले मालिक है हम

पता चला चोर दरवाजे से कब एक

शख्स वहां दाखिल निकला।

मैं उसके अक्स में खुद को तलाशता रहा।

वो आईने में किसी और को झांकता रहा।

मैं सोच में ही रहा, क्या कमी रह गई हममें,

जो वो बेवफा हुआ।

बेहिस ने पूरी दुनिया ही तबाह कर दी

मैं जिसे एक जहाँ समझता रहा।

शिकवा इस बात का नहीं कि क़त्ल हुआ,

रंज इस पर है कि, खंजर अपनों के ही खून से सना निकला।

नफासत व तसव्वुर से सजाया था जिस आशियाँ को

उम्र भर की चाहत और मुद्दत की बंदगी का अजाब हासिल निकला।

शब्दकोश

अजाब – जहर

अक्स – आईने की छाया

बेहिस – असंवेदनशील

नाफासन – देखभाल/जतन

तसव्वुर – कल्पना

काश तुझ जैसी हल्की तबियत के हम हो पाते
तो तू नहीं तो और सही कर पाते |
मगर यहाँ आलम है कि तू नहीं तो तेरे
जैसा भी जँच नहीं पाता |

उसे ज़िन्दगी कहा था, वो था ठा जीस्त का हासिल
उसे बेवफा कहा तो मुझे लोग क्या कहेंगे !
किसी एक शख्स के लिए क्यों बेआबरू हो मोहब्बत
सो ये इल्जाम भी हमने अपने सर लिया
रुसवाइयों के खौफ से सील थे हमारे लब
और बन संवरकर वो महफ़िल में सहल निकला
वहम था हमारा ही, कि हम साथ चल रहे हैं
वो कब का हाथ छुड़ा हमसे आगे बढ़ निकला
नफासत व तसव्वुर से सजाया था जिस आशियाँ को
उम्र भर की चाहत और मुद्दत की बंदगी का अजाब हासिल निकला

हमने आँखों में उतार रखी थी तस्वीर उसकी
वो हमें लिबाज की तरह बदलता रहा |
मेरी फितरत में ही आवारगी है
जो मेरे बस में नहीं
ऐसा कहकर वह अपना दामन झाड़ता रहा

अब किसी खाकसार पर यकीं करने पर
रूह काँप जाएगी हमारी
इस शिद्दत से हमें धोखा मिला।
हम ऐसे टूटे कि आईने क्या टूटेंगे।
हर शीशा आँखों को फाड़कर निकला।
बहुत ख़ामोशी से टुटा ये दिल
कि आहट भी नहीं हुई।
ज़हन में बेसाख्ता कोई आया नहीं था,
नज़रों से बेशक वो नीचे उतरता निकला
नफासत व तसव्वुर से सजाया था जिस आशियाँ को
उम्र भर की चाहत और मुद्दत की बंदगी का अजाब हासिल निकला
सोचते थे, जिस घर के अकेले मालिक हैं हम
पता चला, चोर दरवाजे से
कब एक शख्स वहां दाखिल निकला

24

संगेदिल

मुंसिफ से कहो संगेदिल से जो दिल लगाए कोई
तो ऐसी सजा सुनाए कि होंठ काँपे,
और दोजख में जल जाए कोई

बेहया की कारस्तानी तो देखिए
अपने मुरीदों से कहा करता है
जीते तो जीए, मरता है तो मर जाए
अपनी बला से कोई
यूँ ही बेसाख्ता किसी पर जां नहीं वारा करते
पहले अच्छे – बुरे का फर्क करे कोई।

पूरी दुनिया तुझ जैसी ही साफ़ दिल नहीं होती
नासेह को समझाए कोई।
एक ही दिल है तो इसे लगाने के पहले
सामने वाले को सौ बार आजमाए कोई।
क्योंकि ये मौत का सहरा है सब्ज वादी नहीं
कि अपनी ही गूंजी आवाज लौट आए कोई
इतने मायूस हम कि ज़िन्दगी से कोफ़्त हो गई
कि तन्हा मर जाए हम और कब्र पर फूल भी ना चढ़ाए कोई।

मुंसिफ से कहो संगेदिल से जो दिल लगाए कोई
तो ऐसी सजा सुनाए कि होंठ काँपे
और दोजख में जल जाए कोई

शब्दकोष

मुंसिफ – जज/न्याय करने वाला

दोजख – नरक

मुरीद – शापगिर्द/अनुयायी

बेसाख्ता – बिना सोचे समझे/अचानक

नासेह – भोला/innocent

कोफ़्त – चिढ़